Visionen brauchen Fantasie

kma|reader
Die Bibliothek für Manager

© 2009 kma Medien
WIKOM-Verlag, Wegscheid
Rechte an den Texten bei den Verfassern

Gestaltung: Groothuis, Lohfert, Consorten | glcons.de
Gedruckt auf säure- und chlorfreiem Papier
Druck und Bindung: gutenberg beuys

ISBN 978-3-9812646-2-3

Visionen brauchen Fantasie

Kolumnen zur Zukunft der Gesundheitswirtschaft
von Heinz Lohmann

mit einem Vorwort
von Nikolaus Förster

Für Ulla Lohmann
und ihr Engagement für unsere Sammlung der experimentellen Gegenwartskunst *Change-Art*, die meine unternehmerische Fantasie immer erneut inspiriert.

7	Vorwort
11	Erfolg mit Ethik
14	Endlich Farbe bekennen
17	Medizin als Marke
20	Staat muss umregulieren
23	Manager dringend gesucht
26	Vom Kopf auf die Füße
29	Bremsen zügig lockern
32	Bahn frei für Manager
35	Alles neu ab Montag
38	Status durch Stärke
41	Licht ins Dickicht
44	Weite Sprünge
47	Sicherstellung nicht sicher
50	Plädoyer für Nachhaltigkeit
53	Stallpflicht für Gesundheitspolitiker
56	Mehr Kreativität tut not
59	Spitzenpersonal wird knapp
62	Ärztefrust trotz Tarifabschluss
65	Scheitern am Erfolg
67	Keine Mogelpackung
71	Der Zeit weit voraus
74	Die Spreu vom Weizen trennen
77	Autobahn statt Trampelpfad
80	Mut zur Gesundheit
85	Nachwort

Vorwort

Es sind zwei Begriffe, die sich wie ein roter Faden durch die Texte von Heinz Lohmann ziehen. *Gute Medizin zu bezahlbaren Preisen* fordert er immer wieder in seinen Kolumnen, die in den Jahren 2004 bis 2006 in der Financial Times Deutschland erschienen sind. Was sich zunächst gefällig anhört, ist es keineswegs – man muss den Slogan nur ins Gegenteil verkehren, um die Brisanz seiner Forderung zu erkennen. *Schluss mit schlechter Medizin zu überteuerten Preisen!* Doch diese Worte würde Lohmann nie verwenden, so unverblümt geht er nicht vor. Er bevorzugt Florett statt Säbel, prangert *Produktionsreserven* und *Unwirtschaftlichkeit* an, will einen *unsinnigen Paragraphendschungel* lichten und die *beharrenden Kräfte, die auf der Bremse stehen*, aushebeln.

Wer die Kolumnen drei, vier Jahre nach ihrem Erscheinen liest, wird überrascht sein, wie aktuell sie nach wie vor sind. Die Skepsis gegenüber marktwirtschaftlichen Prinzipien im Gesundheitssystem hat sich keineswegs gelegt – im Gegenteil: Die aktuelle Finanzkrise hat denjenigen Politikern Auftrieb gegeben, die dem Markt seit jeher misstrauen. Der Ruf nach dem Staat ist wieder lauter geworden. Wer jetzt – wie Heinz Lohmann – argumentiert, dass man mehr Wettbewerb zulassen solle, hat es schwer. Und doch ist keine Alternative in Sicht. Wer anderes behauptet, ist entweder unredlich gegenüber seinen Wählern oder hat nicht verstanden, wie mit intelligenten Anreizen im System mehr Qualität erzielt werden kann.

Heinz Lohmann ist allerdings zu lange in der Branche, um zu wissen, dass es nicht nur die Politiker und Berufsverbände sind, die sich als Bremser hervortun. Auch viele Unternehmen, die sich gerne als innovativ darstellen, haben sich mit dem Status quo arrangiert. *Zu lange haben sich die meisten im*

Naturschutzpark Gesundheitswesen gemütlich eingerichtet, schreibt Lohmann. Und so lassen sich die Kolumnen auch als Anleitung lesen, wie sich dieser Park behutsam öffnen lässt. Die Tore sind erst einen Spalt breit offen.

Nikolaus Förster,
FINANCIAL TIMES DEUTSCHLAND

Erfolg mit Ethik

Wenn Manager in der Gesundheitswirtschaft heute entscheiden, ob sie an einem Controller-Meeting oder an einem Ethischen Salon teilnehmen, dann wählen sie in aller Regel noch das scheinbar härtere Thema Controlling. Das ist grundlegend falsch. Ohne eine Neubestimmung ethikbasierter Regeln können Unternehmen in der Gesundheitsbranche nicht erfolgreich sein. Die moderne interdisziplinäre und interprofessionelle Medizin erfordert neue Organisationsformen. Deshalb müssen die Struktur der Medizinangebote durch Konzentration und die Prozesse durch Patientenorientierung zukunftsweisend ausgerichtet werden. *Gute Medizin zu bezahlbaren Preisen* entsteht bei der *Medizinproduktion*. Die bisherige *Arbeitsteilung* zwischen den Therapeuten für das Thema *gute Medizin* und der Administration für das Thema *bezahlbare Preise*, ist nicht mehr sachgerecht. Deshalb müssen alle Beteiligten gemeinsam die Verantwortung für Qualität und Preise übernehmen. Bei knappen finanziellen Ressourcen und steigenden Anforderungen sind pauschalierende Entgelte ungeeignet. Sie *belohnen* einfache medizinische Leistungen mit wenig Ressourceneinsatz. Nur Wettbewerb hilft hier weiter. Deshalb muss das Budgetsystem in ein Vertragssystem überführt werden. Das herkömmliche Prinzip des *einheitlich und gemeinsam* ist ohne klare Verantwortung.

Der Wandel benötigt den ethischen Diskurs. Nur so können die Ängste insbesondere bei den Patienten und den beteiligten Professionellen reduziert werden. Gerade im Gesundheitssektor lässt sich *Geschäft* nur machen, wenn eine Vertrauensbasis vorhanden ist. Die eingeschränkte Kundensouveränität und die begrenzte Transparenz des Marktes hebt diesen Aspekt in eine zentrale Position. Deshalb muss ein organisationsethischer Diskurs über die Berufsgruppen hinweg gefördert werden. Er bewegt sich *vom Bett* weg, hin an den *Verhandlungstisch*. Je mehr Behandlungen geplant und strukturiert werden, desto mehr haben die Ressourcenentscheidungen einen generellen Charakter und lösen sich vom Einzelfall. Damit müssen alle Beteiligten an den *Medizinischen Lösungen* Verantwortung tragen, nicht nur die Ärzte und die Klinikmanager, sondern auch die Vertragsmanager der Versicherungen und alle anderen Partner in der Gesundheitswirtschaft. Modische Werbung mit Ethik wird schnell entlarvt werden. Es geht im Zentrum um Glaubwürdigkeit. Erfolg ohne Vertrauen gibt es nicht.

Endlich Farbe bekennen

Ohne Wettbewerb gibt es keine wirkungsvolle Möglichkeit, die Produktivitätsreserven, die zweifelsohne im Gesundheitsbereich vorhanden sind, nachhaltig zu heben. Das sind die Erfahrungen, die in anderen Branchen immer wieder gemacht werden mussten.

Ebenso wie ich schätzen die meisten Experten die Wirtschaftspotentiale im Gesundheitssystem auf 15 bis 25 Prozent ein. Das entspricht etwa 25 bis 40 Mrd.. Der Wettbewerb auf diesem Sektor setzt aber zwingend voraus, das noch immer vorherrschende Prinzip des *einheitlich und gemeinsam* zu verlassen. Nicht mehr alle Krankenversicherungen müssen mit allen Gesundheitsdienstleistern dieselben Konditionen vereinbaren.

Es sollte mehr und mehr möglich sein, den gesetzlich vorgeschriebenen Mindeststandard zwischen den Partnern der Nachfrageseite und denen der Angebotsseite sowohl in Richtung bester Qualität als auch großer Preiswürdigkeit zu überbieten.

Die gesetzlichen Regeln der integrierten Versorgung sind der *Schuhanzieher* für eine solche Entwicklung. Es geht darum, künftig zwischen Gesundheitsdienstleistern und Industrie gemeinsame Lösungen für Patienten zu entwickeln und anzubieten. Innovative Akteure der Gesundheitswirtschaft stehen für hohe Leistung für hervorragende Qualität und für einen günstigen Preis.

Unabdingbar ist in einem solchen künftigen Vertragssystem, dass die Krankenversicherungen die Verantwortung für die Patienten verbindlich übernehmen. Diejenigen, die jahrelang – zweifelsohne zu Recht – Einkaufsmodelle gefordert haben, müssen jetzt Farbe bekennen. Ohne eine sachgerechte Nachfrage können sie kein patientengerechtes Angebot verlangen.

Akteure, die zurzeit noch beiseite stehen, müssen im Interesse der Patienten schnell lernen und dann noch schneller handeln. Die Partner der Gesundheitswirtschaft zeigen eine hohe Bereitschaft, gemeinsam diesen neuen Weg zu beschreiten. Auch die Politik benötigt entsprechende positive Signale.

Medizin als Marke

In vielen Branchen stehen Markenprodukte für Qualität. Die Verbraucher können sich darauf verlassen. Was draufsteht, ist auch drin, überall und immer. Deshalb sind Markenprodukte so begehrt. Anders in der Medizin: Hier löst der Begriff Standardisierung bei vielen Menschen immer noch mehr Bedenken als Zustimmung aus. Er wird als Gegensatz zu individueller Betreuung verstanden.

Dabei geht es in Wahrheit auch in der Medizin um Qualität. Bei komplexen Leistungen ist der Zusammenhang zwischen einer größeren Zahl und dem höheren Erfolg der Behandlungen nicht mehr wegzudiskutieren. Routine schafft mehr Sicherheit durch die eingeübte Strukturierung anspruchsvoller Abläufe. Hochleistungsmedizin gehört deshalb auch in Kompetenzzentren.

Im härter werdenden Wettbewerb hält sich der verunsicherte Kunde an bekannte Marken. Nicht anders wird es künftig in der Medizin sein. Deshalb beginnen innovative Krankenkassen damit zu werben, dass ihre Versicherten mehr als die gesetzlich vorgeschriebenen Leistungen erwarten können: Coca Cola statt Cola eben. Krankenhäuser, die in Zukunft Markenmedizin anbieten können, werden deshalb im Wettbewerb Vorteile haben.

Markenmedizin entsteht aus gemeinsamen Entwicklungen von Dienstleistern, Industrie und Forschung. Die Mindestanforderungen an medizinischer Behandlungsqualität werden ergänzt durch Service und Komfort, erweiterte Hotelleistung, hohe Qualität der verwendeten Materialien und die Gewährung von Garantien. Wer glaubt, sich dieser Entwicklung entgegenstellen zu sollen, wird nicht die Welt, sondern nur den notwendigen Veränderungsprozess in seinem Unternehmen anhalten.

Bundesweit agierende Krankenkassen benötigen bundesweite Medizinangebote. Deshalb machen sich aktive Gesundheitsunternehmen gemeinsam auf, Vertragsleistungen zu entwickeln. Die Vermarktung übernehmen künftig Markenmedizinringe. Die Gesundheitswirtschaft tritt damit in die Fußstapfen des Einzelhandels. Die Vorteile liegen auf der Hand. Markenmedizin verschafft Krankenkassen bessere Chancen auf dem Versichertenmarkt, den Gesundheitsanbietern die Aussicht auf Wachstum im Verdrängungswettbewerb und den Patienten mehr Qualität.

Staat muss umregulieren

Wir haben das beste Gesundheitssystem der Welt! Haben wir das wirklich? Nun ja, es gibt viel schlechtere, aber die Medizin ist auch bei uns nicht überall gut und häufig sehr teuer. Mangelnde Qualität und andauernde Unwirtschaftlichkeit sind unethisch. Deshalb besteht Handlungsbedarf. Dabei geht es nicht darum, wie bisher, durch immer kleinteiligere bürokratische Beschränkungen und kollektiven Zugangsregelungen die beteiligten Akteure der Gesundheitsbranche zu gängeln. Vielmehr gilt es, die unternehmerische Kreativität zu fördern. Die Partner der Gesundheitswirtschaft dienen nämlich vor allem den Patienten.

Der Staat muss seine Rolle am Beginn des 21. Jahrhunderts neu bestimmen. Er wird in einem Wettbewerbssystem nicht überflüssig. Er darf sich deshalb nicht einfach zurückziehen. Der Staat muss vielmehr *umregulieren*. Gesetzliche Bestimmungen, die in die innere Abläufe der Institutionen des Gesundheitssektors eingreifen, müssen dereguliert werden. Gleichzeitig gilt es, die nach wie vor wichtige gesellschaftliche Gesamtverantwortung für die Gesundheit der Menschen durch Regulierung der Marktordnung und durch verstärkten Patientenschutz zu wahren.

Politik wird in einem so gestalteten System nicht *arbeitslos*, sondern ihre Energie wird zum Wohle der Krankenversicherten und der Patienten neu ausgerichtet. Es erfordert Mut, um die Weichen in Richtung Wettbewerb um zu legen. Aktive Unternehmen der Gesundheitswirtschaft sind deshalb gut beraten, reformorientierten Politikern Rückhalt zu gewähren. Es gibt genügend beharrende Kräfte, die auf der Bremse stehen. Gerade die Funktionäre in den ständischen Strukturen des hergebrachten Gesundheitswesens kleben immer wieder am status quo. Das ist verständlich, ist er doch Ausdruck des mühsam erreichten Konsenses der Vergangenheit.

Dynamik ist kein Merkmal des überkommenen Systems. Deshalb sind jetzt die Unternehmer gefragt. Im Interesse ihrer Betriebe ist Initiative angesagt. Jammern hilft nicht weiter. Wer in dieser Situation die Lethargie der Politik beklagt, sollte sich an die eigene Nase fassen. Zu lange haben sich die meisten im Naturschutzpark Gesundheitswesen gemütlich eingerichtet. Die knappen Mittel zwingen nun zur Aktion. Das ist im Interesse der Patienten gut so.

Manager dringend gesucht

Eugen Münch, streitbarer Kämpfer für die privaten Krankenhausbetreiber und für mehr Wettbewerb, der in seiner Rhön Klinikum AG in diesen Tagen gerade auf dem Weg vom Vorstands- zum Aufsichtsratsvorsitz ist, hat kürzlich auf die Frage, warum er im letzten Jahr nicht mehr Kliniken gekauft habe, in einem Interview geantwortet, es gäbe nicht genug geeignete Manager für die neuen Aufgaben.

Und tatsächlich, wer den Gesundheitsmarkt über längere Zeit beobachtet, der erkennt, die kurze Personaldecke wird hin und her gezerrt. Es gibt deutlich zu wenige Führungskräfte, die in der Lage sind, den hohen und höchsten Anforderungen Stand zu halten. Insbesondere in den Großkrankenhäusern der Metropolen mit ihren 2.000 und mehr Beschäftigten muss eine Komplexität beherrscht werden, die ihresgleichen sucht. Das Risiko zu scheitern, ist riesengroß und es realisiert sich in der Praxis immer wieder. In Krankenhausverbünden mit Spitzenmedizinern an mehreren Standorten auf engem Raum potenziert sich die Herausforderung deutlich.

Die derzeit geführte Gehälterdebatte erhöht die Attraktivität der Gesundheitsbranche für Führungspersönlichkeiten nicht gerade. Wenn es einen wirtschaftlichen Bereich gibt, der dafür ungeeignet ist, dann dieser. Spitzenmanager wechseln hierher häufig nicht wegen, sondern trotz der angebotenen Bezahlung. Erst mühsam und immer wieder halbherzig wird der Anschluss an eine der Verantwortung entsprechende und sonst allerorten übliche Entlohnung gesucht und gefunden. Die Aufgaben sind spannend – ohne Frage steckt darin der Reiz. Es geht um Typen, die gesellschaftliche Verantwortung und unternehmerische Kreativität miteinander verbinden.

Gesundheitsunternehmen brauchen am Beginn des 21. Jahrhunderts Menschen an der Spitze, die bereit und in der Lage sind, anderen Menschen Orientierung zu geben und sie mitzunehmen auf eine Reise ins Unbekannte. Integration vielfältiger Interessen verschiedener Berufsstände im Inneren und Vertrauen in die Qualität der Medizin bei höchster Wirtschaftlichkeit nach außen sind hierbei die Schlüsselworte. Erfolgreiche Führung verkörpert deshalb auch Spiritualität und Charisma. Leadership schafft Vertrauen durch sicheres öffentliches Auftreten. Und Vertrauen ist zwingende Voraussetzung zum Erfolg.

Vom Kopf auf die Füße

Eins ist klar: Auch Gesundheitsunternehmen gewinnen oder verlieren im Wettbewerb durch Erfolg oder Misserfolg im Kerngeschäft. Ohne optimierte Medizinprozesse haben Krankenhäuser also künftig keine Chance zu überleben. Deshalb gilt es jetzt die Organisation der Abläufe patientenorientiert zu modernisieren. Das ist leicht gesagt, aber schwer getan. Heißt das doch, die Krankenhausstruktur vom Kopf auf die Füße zu stellen!

Angenommen das *Köpfe drehen* gelingt, ist es unabdingbar, die überkommenen Gebäudestrukturen des 19. durch die zukunftsfähigen des 21. Jahrhunderts zu ersetzen. Konzentration und Kooperation sind dabei die Stichworte. Niemand kann moderne Medizin in den den alten Prinzipien verpflichteten Pavillonanlagen innovativ gestalten. Von der Erreichung wirtschaftlicher Ziele ganz zu schweigen.

Das Gebot der Stunde lautet mithin, so schnell wie möglich den Umzug in Neubauten zu realisieren. Aber, oh Schreck, die öffentlichen Kassen sind leer! Die duale Finanzierung funktioniert schon viele Jahre nicht mehr. Das Prinzip Hoffnung scheitert immer häufiger in der Warteschlange.

Einzelne private Krankenhausunternehmer pfeifen inzwischen ganz auf ihren theoretischen (!) Gesetzesanspruch. Sie finanzieren die so dringend benötigte neue Infrastruktur aus eigner Tasche. Diese erhöhte Belastung gleichen sie durch das schnelle Erreichen der Produktivitätsvorteile mehr als aus. Das Wachstum der Privaten in den vergangenen Jahren beruht ganz wesentlich auf diesem Effekt.

Auch immer mehr öffentliche und kirchliche Krankenhausmanager haben erkannt, dass sie ohne intelligente Lösungen auf verlorenem Posten stehen. Deshalb wird überall über Public-Private-

Partnership-Modelle gegrübelt. Gesundheitsimmobilien sind schon heute ein boomendes Geschäft. Schlaue Akteure denken jetzt bereits einen Schritt weiter. Warum nicht Medizintechnologie verbunden mit Gebäudemanagement gleich mit einkaufen? Ja, warum eigentlich nicht.

Gesundheitsunternehmen verstehen viel vom Medizingeschäft. Das muss ihr Fokus sein. Alles andere kann vom Spezialisten eingekauft werden. Strategische Partnerschaften sind gefragt. Wer dabei die Nase vorn hat, hat gut lachen.

Bremsen zügig lockern

Eine Menge Arbeit in Sachen Gesundheit wartet auf jede neu gewählte Bundesregierung unmittelbar nach den vorgezogenen Bundestagswahlen im Herbst. Gilt es doch, der Gefahr steigender Krankenkassenbeiträge bei gleichzeitig sinkender Qualität vorzubeugen. Das wird nur gelingen, wenn mit mutigen Schritten die Produktivitätsreserven im System gehoben werden. Wettbewerb, Wettbewerb und nochmals Wettbewerb ist deshalb angesagt. Die Patienten und ihre Interessen sind der Maßstab aller Dinge. Nur eine zügige und radikale Modernisierung der Strukturen und Prozesse kann es richten.

Gesundheitsunternehmen werden den bevorstehenden Umbruch dann erfolgreich meistern, wenn mit hoher Handlungsgeschwindigkeit in Gebäude, Geräte und vor allem Mitarbeiterinnen und Mitarbeiter investiert wird. Dabei über ausreichend Kapital verfügen zu können, ist ein Schlüsselkriterium. Nun ist Geld kein grundsätzliches Problem. Im Gegenteil wird derzeit durchaus nach stabilen Anlagemöglichkeiten Ausschau gehalten. Und der Gesundheitssektor gerät dabei mehr und mehr ins Visier. Allerdings schrecken Investoren immer noch vor der unberechenbaren Regelungswut der Bürokraten und den Relikten öffentlich-rechtlicher Normen in den Gesundheitsunternehmen selbst zurück. Ersteres muss die Politik schultern, letzteres erfordert ein aktives und strategisch denkendes Management.

Als eine der schlimmsten Kapitalbremsen entpuppt sich eine überkommene betriebliche Altersversorgung, die ständig wachsende Kosten produziert. Wenn immer weniger aktive Beschäftigte immer mehr Rentner finanzieren sollen, kann das nicht gut gehen. Kein Betrieb hat auf Dauer die Kraft, gegen ein solches Handicap anzukämpfen.

Deshalb ist die Umstellung von einem Umlageverfahren auf ein kapitalgedecktes System unabdingbar. Auch wenn die Ablösekosten sicher zunächst schrecken, ist der »turn around« doch schon bald geschafft. Es gibt inzwischen ermutigende Beispiele und damit erprobte Überführungsmodelle. Des Wagemutes von Pionieren bedarf der Systemwandel nicht mehr, aber Entschlusskraft kann trotzdem nicht Schaden.

Der Umbau des Gesundheitssystems erfordert schon Mut von Politikern und Unternehmern gleichermaßen. Beim Blick nach vorne sind nicht die Fußspitzen sondern der Horizont das Ziel. Wer nachhaltigen Erfolg anstrebt, braucht einen etwas längeren Atem. Vor Strohfeuern und Quartalsberichten sei gewarnt.

Bahn frei für Manager

Es gibt sie schon, aber noch viel zu selten, die Unternehmer in der Sozialen Krankenversicherung. Dabei sind sie der Schlüssel zu einem innovativen Gesundheitssystem der Zukunft. Zu sehr engen die Überregulierungen der überkommenen Sozialgesetze die Vorstände der Krankenkassen in ihren Handlungsmöglichkeiten ein, um als attraktives Berufsfeld für kreative Manager aus anderen Wirtschaftsbranchen erkannt zu werden. Nur hartgesottene Pioniere haben sich bisher in diesen für die künftige Entwicklung unserer Gesellschaft so wichtigen Wirtschaftsbereich getraut. Die nach wie vor von Heerscharen von Sozialversicherungsfachangestellten geprägten Organisationen sind auf Gesetzeserfüllung ausgerichtet. Unternehmenserfolg als Ziel des eigenen Handelns zu definieren, muss erst mühsam buchstabiert werden. Ein vor Kurzem ins Amt berufener Kassenchef bekannte freimütig, er habe weit über 600 Mitarbeiter vorgefunden, die genau hätten sagen können, worauf die eigenen Versicherten keinen Anspruch haben, aber niemanden, der einen Leistungsvertrag mit Gesundheitsanbietern hätte konzipieren können. Produkt- und Kundenmanagement, in jedem normalen Betrieb ganz selbstverständlich, steckt in den gesetzlichen Krankenversicherungen noch in den Kinderschuhen.

Was will der Versicherte und wie können wir seine Optionen verbessern? Das sind die Zukunftsfragen, auf die es schnell Antworten zu finden gilt. Innovative Krankenkassen haben sich deshalb auf den Weg gemacht, ihre Unternehmen radikal umzukrempeln und für den Wettbewerb fit zu machen. Sie wachsen in die Rolle einer Nachfrageagentur auf dem Gesundheitsmarkt. Nur so kann künftig auf gleicher Augenhöhe mit dem medizinischen Expertensystem im Interesse der Patienten ver- und gehandelt werden. Aktive Gesundheitsunternehmen brauchen solche Partner. Berufliche Karriere mit sozialem Engagement zu verbinden, das ist die Chance für kreative Unternehmer in der Gesundheitswirtschaft. Wer sich nicht von Regularienbergen abschrecken lässt, kann jetzt einsteigen. Der Umbruch im Gesundheitssektor benötigt allenthalben hervorragendes Personal. Zupacken ist angesagt.

In Zukunft muss die Politik den Weg freimachen für Top-Manager in der Gesundheitsbranche. Der unsinnige Paragraphendschungel gehört deshalb ins Museum für Sozialgeschichte.

Alles neu
ab Montag

In drei Tagen werden die Abgeordneten zum Deutschen Bundestag neu gewählt. Und wieder geht ein Wahlkampf zu Ende, der sich um wichtige Fragen der Gesundheitspolitik herumgedrückt hat. Die Diskussionen der letzten Wochen waren geprägt von der Kontroverse zwischen Bürgerversicherung und Gesundheitsprämie. So wichtig die Einnahmen der gesetzlichen Krankenkassen für die Zukunft des Systems auch sein mögen, sind sie doch nur die halbe Miete. Da ist es gut, dass die innovativen Unternehmen und Institutionen der Gesundheitswirtschaft selbst Erfolg versprechende Ideen für die Modernisierung der Medizin entwickeln. Einfach nur mehr Geld in marode Strukturen und Prozesse zu pumpen, führt nämlich nicht weiter.

Gesundheit für alle ist eine der zentralen Forderungen an eine humane Gesellschaft. Eine aktive Gesundheitswirtschaft kann die entscheidenden Beiträge zu ihrer Erfüllung leisten. Allerdings geht das nicht von selbst. Die Rahmenbedingungen müssen stimmen. Deshalb ist in den kommenden Monaten die Politik gefordert. Die in der letzten Woche auf dem 1. GESUNDHEITSWIRTSCHAFTSKONGRESS von namhaften Unternehmern und Managern der Branche zusammengetragenen *Hamburger Thesen* bestimmen dabei die Themen auf dem Weg zu einem patientenorientierten Wettbewerb: Um Qualität und Wirtschaftlichkeit endlich zum Durchbruch zu verhelfen, muss das überkommenen Budgetsystem durch ein regelhaftes Vertragsprinzip ersetzt werden. Auch die viel beschworene Überwindung der Gräben zwischen den Sektoren des Gesundheitssystems ist nur mit Hilfe solcher Leistungskomplexvereinbarungen und nicht durch Festhalten an der kleinkarierten Einzelleistungsvergütung zu erreichen. Die unternehmerische Kreativität kann richtig nur wirksam werden, wenn die Überregulierung abgebaut ist. Der geförderte Einsatz von Telemedizin ermöglicht Wachstum durch Konzentration und Vernetzung. Der Staat muss sich endlich auf das Wesentliche fokussieren, nämlich die Marktordnung zu bestimmen und den Patientenschutz zu regeln.

Wachstumstreiber und damit Jobmotor wird die Gesundheitswirtschaft dann, wenn jetzt energisch gehandelt wird. Da die Ziele feststehen, ist eigentlich alles so einfach. Und die Zusage von maßgeblichen Vertretern der Gesundheitswirtschaft, eine aktive Politik nachhaltig zu unterstützen, macht Mut, den unausweichlichen Widerspruch zu überwinden. Deshalb muss die Zeit nach der Bundestagswahl zu einer Neuorientierung genutzt werden. Am besten gleich ab Montag!

Status durch Stärke

Es ist schon paradox: Ausgerechnet in einer Situation, in der Krankenschwestern und -pfleger immer begehrter, weil absehbar knapper werden, beklagen sich viele Beteiligte über mangelnde Wertschätzung. Sie empfinden den dramatischen Umbruch vor allem angstbesetzt, nachdem der allgemeine gesellschaftliche Wandel jetzt auch das *Naturschutzgebiet* Gesundheitssektor erreicht hat. Die Ökonomiedominanz der gesundheitspolitischen Debatten der vergangenen Jahre hat viele therapeutisch Tätige verschreckt. Sie fürchten mehr und mehr, mit ihren Vorstellungen von humanen Gesundheitsbetrieben auf der Strecke zu bleiben.

Auf unzähligen Tagungen und Kongressen haben Vertreter der Krankenpflege mit lautstarken Appellen in der interessierten Öffentlichkeit ultimative Forderungen erhoben, den wahrgenommenen Statusverlust zu stoppen. Viele offizielle Repräsentanten träumen in dieser Situation von der heilversprechenden Wirkung einer ständischen Vertretungsstruktur. Der Ruf nach einer Pflegekammer will und will nicht verstummen. Im Gegenteil: Eine Reihe von Pflegefunktionären wird nicht müde, die angeblichen Vorzüge einer Verkammerung zu beschwören, obschon viele der überkommenen Berufsvertretungen derzeit gerade deutlich ihre Grenzen erleben. Frust macht sich breit und entwickelt sich zu einer bedrohlichen Innovationsbremse. Gerade Pflegende sind in ihrer häufig falsch verstandenen Parteinahme vermeintlicher Patienteninteressen hier besonders anfällig.

Dabei haben Krankenpflegekräfte bei der Realisierung von Modernisierungsprojekten in Unternehmen der Gesundheitswirtschaft als Experten des Behandlungsmanagements und der Patientenkommunikation große Chancen. Voraussetzung für die Möglichkeit der aktiven Mitgestaltung bei den

Veränderungsprozessen ist eine hohe Professionalität. Deshalb ist eine exzellente Bildung zwingend. Zukunftsorientierte Hochschulen bieten zu Recht entsprechende Bachelor- und Masterstudiengänge an. Anerkennung kann nicht eingefordert werden, sie entsteht aus eigener Stärke. Kluge Krankenschwestern und -pfleger warten nicht auf Protektion, sondern handeln eigenständig. Richtig so!

Licht ins Dickicht

Ein besseres Gesundheitssystem als unseres gibt es nicht. Die Privatwirtschaft kann es auch nicht besser, das zeigen doch die USA. Der Staat macht es, wie England beweist, auch nicht besser. Verlautbahrungen dieser Art sind in letzter Zeit immer öfter zu vernehmen. Also, weiter so? Viele würden es am liebsten sehen. Augen zu und durch. Es wird schon gehen.

Dabei sind die Zeichen eindeutig und unübersehbar. Selbst die Bundesländer mit einem ansonsten unverrückbaren Staatsverständnis machen bei der Krankenhausfinanzierung langsam aber sicher schlapp. Auch viele Kommunen, die bisher jeden Anflug eines Zweifels an der öffentlichen Trägerschaft ihres örtlichen Krankenhauses vom Tisch gewischt haben, werden schwach und schwächer. Ja, selbst Universitätskliniken stehen aktuell zum Verkauf. Demnächst wird zu allem Überfluss auch noch das Personal knapp. Schönreden hilft da nicht weiter. Noch schlimmer wäre es, mit einer neuen Flut von Paragraphen zu reagieren. Diese Neigung, das hat die Vergangenheit gelehrt, ist bei Gesundheitspolitikern durchaus vorhanden. Auch mancher Verbandsfunktionär sehnt sich schon wieder nach den *guten alten Zeiten*.

Wer aus dem Bundestagswahlergebnis den falschen Schluss zieht, der Wähler wolle keine Wandel in den Sozialsystemen gefährdet den ungehinderten Zugang zur modernen Medizin für alle. Mehr Produktivität im Gesundheitssystem ist möglich. Niemand hat etwas gegen die dazu notwendigen Schritte, wenn sie verständlich vermittelt werden. Eine starke Politik muss also die Gunst der Stunde nutzen. Es geht darum, die Kreativität der Leistungsbereiten in der Gesundheitswirtschaft anzuspornen. Im Interesse der Patienten eine gute und bezahlbare Medizin zu entwickeln, ist die Aufgabe. Deshalb gibt es keine Alternative zu mehr Wettbewerb. Der Erfolg kann dann eintreten, wenn den Akteuren die notwendigen Entscheidungsfreiheiten eingeräumt werden. Dazu muss der Paragraphendschungel schnell und nachhaltig gelichtet werden.

Der Staat steht vor neuen Aufgaben. Er muss sich der Gestaltung der Marktordnung und dem Patientenschutz verschreiben. Damit kann er seiner Verpflichtung zur gesellschaftlichen Verantwortung gegenüber den Schwachen in Zukunft gerecht werden – mit einem noch so lautstarken *weiter so* nicht.

Weite Sprünge

Wenn das Geld knapp wird, muss gespart werden. So weit, so gut. Und natürlich gilt diese einfache Formel auch in dem mehr und mehr wettbewerblich organisierten Gesundheitssektor. Wenn die Preise sinken, müssen die Beteiligten die Gürtel enger schnallen. Also was liegt bei schwindenden Erlösen in den Krankenhäusern näher, als mit den Personalkosten den größten Ausgabenblock ins Visier zu nehmen. Und richtig, land auf, land ab wird der soeben neu erstellte, aber in der Gehaltshöhe nach wie vor problematische TV ÖD von Arbeitgebern gekündigt, wenn es ihnen irgendwie möglich ist. Zentrales Ziel ist dabei immer eine drastische Absenkung der Bezüge. Alle, die so etwas ihrer Tarifbindung wegen nicht können, versuchen wenigstens ihre Arbeitnehmer zu betrieblichen Sonderregelungen zu bewegen. Weihnachts- und Urlaubsgeld sind für viele Krankenhausbeschäftigte deshalb inzwischen Begriffe aus längst vergangenen Tagen.

All dieses spielt sich vor dem Hintergrund eines steigenden Bedarfs an Arbeitskräften in der Gesundheitswirtschaft ab. Zumindest im ärztlichen Bereich wird vornehmlich in der Provinz wegen des geringen Interesses an freien Stellen übertariflich gezahlt. In der Krankenpflege signalisiert das aktuelle Bild nur deshalb Entspannung, weil es durch die derzeit noch stark sinkende Verweildauer zu einem Ausgleich zwischen Nachfrage und Angebot kommt. Unendlich ist diese Entwicklung nicht.

Die verantwortlichen Manager müssen den verbleibenden Zeitkorridor für eine grundlegende Modernisierung der Prozesse und Strukturen in der Gesundheitslandschaft nutzen. Sparen im Bestand hat angesichts der abzusehenden Entwicklungen *kurze Beine*. Tarifspielräume sind zeitlich sehr begrenzt. Die Attraktion als Arbeitgeber ist künftig ein wichtiger Erfolgsfaktor. Deshalb gilt es, zu allererst jetzt zukunftsfähige Unternehmenskonzepte zu entwickeln und konsequent zu verfolgen. Sichere Arbeitsplätze gibt es nur in solchen Kliniken. Mitarbeiter wissen das. Unternehmen, die durch intelligente Betriebspolitik ihren Arbeitnehmern attraktive Zukunftsperspektiven bieten, motivieren diese zu Höchstleistungen. Wer nur die Mitarbeiter knebelt, demotiviert sie. Schlaue Manager springen weit genug!

Sicherstellung nicht sicher

Menschen erwarten bei Krankheit Hilfe. Deshalb regelt die Gesundheitsgesetzgebung die Sicherstellung. In der ambulanten Versorgung liegt diese Verpflichtung bei den Kassenärztlichen Vereinigungen und für die stationäre Versorgung haben die Bundesländer zu sorgen. So weit so gut. In der Vergangenheit hat die Sache auch halbwegs geklappt. In letzter Zeit mehren sich aber im ambulanten Bereich die Meldungen, dass in bestimmten Regionen Deutschlands arztfreie Zonen entstanden sind. Und der Tag ist nicht mehr weit, an dem das letzte Krankenhaus einer Region schließt. Die Kassenärztlichen Vereinigungen erweisen sich in solchen Fällen als hilflos und den Bundesländern wird es mit ihrer Krankenhausplanung nicht besser ergehen. Die gesetzlichen Sicherstellungsaufträge sind längst ausgehöhlt.

Der Gesetzgeber selbst hat in seinem Reformeifer der letzten zwei Jahrzehnte dafür gesorgt, dass die Verantwortung für die Versorgung und für die Finanzierung voneinander getrennt worden ist. Wenn Geld und Steuerung aber in verschiedenen Händen liegen, muss man sich nicht wundern, wenn Wunsch und Wirklichkeit nicht übereinstimmen. Letztlich entscheidet nämlich auch hier, wer die Musik bezahlt. Die gesetzlichen Sicherstellungsverpflichtungen suggerieren eine Scheinsicherheit, die im Zweifel nicht greift. Festhalten an überkommenen Ideologien ist deshalb kontraproduktiv. Mut zum Wandel ist gefragt!

Wer den Menschen auch künftig Sicherheit geben will, muss Finanzierung und Steuerung wieder zusammenführen. Ein Staat, der seine Verantwortung für die Verfügbarkeit von medizinischen Leistungen und damit den Patientenschutz aktiv wahrnimmt, muss die Sicherstellung über solche Kräfte organisieren, die den gesellschaftlichen Anforderungen aus starkem Eigeninteresse entsprechen wollen. Deshalb müssen Krankenassen, die Versicherungsverträge anbieten und damit das Versprechen abgeben, im Krankheitsfalle Hilfe zu leisten, dafür sorgen, dass die Medizin auch zur Verfügung steht. Sie müssen verpflichtet werden, mit Gesundheitsanbietern entsprechende Verträge zur Absicherung des gesetzlichen Leistungsrahmens, abzuschließen. Nur so ist eine Sicherstellung zu erreichen, die diesen Namen auch verdient.

Plädoyer für Nachhaltigkeit

Die große Koalition ist kaum im Amt und gerät schon unter Druck. Überall wird der Unmut über die derzeitige unbefriedigende Situation lautstark artikuliert. Die Ärzte streiken, die Krankenschwestern protestieren, die Apotheker sehen mal wieder schwarz und die Patienten sind verunsichert. Und die Politiker? Sie gehen hinter Begriffen wie Bürgerversicherung und Gesundheitsprämie in Stellung. Dabei ahnen viele von Ihnen noch nicht einmal, was für Konzepte sie da vertreten. Deshalb besteht jetzt die Gefahr, dass ein schnell *zusammen gezimmerter* Kompromiss die bestehenden Probleme und schon erst recht die zukünftigen Herausforderungen ungelöst lässt.

Bürgerversicherung und Gesundheitsprämie greifen konzeptionell zu kurz. Wurzeln doch beide Modelle in der Tradition der deutschen Sozialversicherung des 19. Jahrhunderts. Sie basieren auf der überkommenen Leitidee des Generationenvertrages. Letzterer wiederum setzt große institutionelle Stabilität voraus. Das zentrale Charakteristikum der Gesellschaft der Zukunft ist aber die allumfassende, zunehmende Mobilität. Nur ein kapitalgedecktes System, das die kollektiven Gesundheitsrisiken der jeweiligen Versichertengemeinschaft abdeckt, kann künftig diesen Ansprüchen gerecht werden. Private Versicherungsunternehmen und staatliche Aufsichtsgremien können nur gemeinsam die erforderlichen Sicherheiten garantieren. Ohne diese Zusammenarbeit ist die Akzeptanz der Menschen auf einem so sensiblen gesellschaftlichen Feld nicht herbei zu führen.

Kurz gesagt: es geht heute um die Schaffung der Strukturen einer zukünftigen Europaversicherung. Zur Wahrung der humanitären Ansprüche ist dabei eine Versicherungspflicht unverzichtbar. Der Leistungskatalog muss auch weiterhin ohne wenn und aber gesellschaftlich verantwortet werden. Die Art und Weise wie die Leistung erbracht wird, ist hingegen in einem Vertragssystem der Zukunft Gestaltungsaufgabe der Krankenkassen. Sie haben dann nur noch das Prinzip der Solidarität der Gesunden mit den Kranken zu wahren, wohingegen der Sozialausgleich Aufgabe möglichst gerechter Steuersysteme ist. Deshalb geht bei der nächsten Gesundheitsreform Nachhaltigkeit vor Geschwindigkeit.

Stallpflicht für Gesundheitspolitiker

Vor den bevorstehenden Landtagswahlen tut sich nichts mehr. Ab dem 27. März geht's dann rund. Eine neue Auflage der unendlichen Geschichte der Gesundheitsreformen steht an. Und wieder einmal wird das, was dabei herauskommen wird, dem hochtrabenden Anspruch nicht gerecht werden. In zwei Jahren werden wir garantiert wieder im gleichen Schlammassel stecken. Die Politik schielt schon wieder auf *frisches Geld* und hat dieses Mal auch den Kapitalstock der privaten Krankenversicherung im Visier. Der Gedanke, dass finanzielle Ressourcen zu heben, die durch den veralteten Betrieb der Gesundheitsunternehmen verschwendet werden, wird offenkundig seit Jahren verdrängt.

Wenn wie so Autos bauen würden, wie wir Medizin *produzieren*, könnte sich nur eine kleine Minderheit der Bevölkerung in Deutschland diese Form der Mobilität leisten. Und gefährlich wäre es auch noch. Kein Mensch würde auf die Idee kommen, Steuern zu erhöhen, um den Absatz von sicheren Autos zu subventionieren. Weil sich Autohersteller dem internationalen Wettbewerb stellen müssen, haben sich die Produktionsmethoden in den letzten zwanzig Jahren radikal verändert. Das war und ist für die Beteiligten schmerzhaft. Der globale Wettbewerb sorgt für bezahlbare Autos und die staatlichen Auflagen für eine sichere Mobilität. Das ist eine ideale Arbeitsteilung auch für unser Gesundheitssystem der Zukunft.

Warum wollen wir ausgerechnet die knappen Mittel der sozialen Krankenversicherung und der öffentlichen Haushalte mit staatlichen Bedarfs- und Investitionsplänen allokieren? Weshalb vertrauen wir die mit einem Gesamtumsatz von 260 Milliarden und über 4,2 Millionen Beschäftigten größte Branche in Deutschland dem unterlegenen System der Planwirtschaft an? Eine wirksame Gesundheitsreform wird niemals in den Hinterzimmern der vermeidlichen Experten politischer Parteien entstehen. Sie wird nur dann Erfolg haben, wenn sie sich in die öffentliche Debatte maßgeblich einmischt. Erst wenn wir zulassen, dass die allgemein gültigen Regeln auch in der Gesundheitswirtschaft gelten, kann das Werk gelingen. Leider also wohl frühestens bei der übernächsten Gesundheitsreform.

Mehr Kreativität tut not

Gesundheitswirtschaft – dieses Zauberwort der letzten Jahre löst Wachstumseuphorie und Kostenhysterie gleichermaßen aus. Immer mehr Menschen dämmert es: da wir älter und älter werden, rücken Dienstleistungen und Produkte rund um das Thema Gesundheit ins Zentrum des wirtschaftlichen Interesses. Was für die Jungen die Disco, ist für die Alten die Apotheke. Und entgegen der allgemeinen öffentlichen Debatte sind die Menschen bereit, private Mittel zur Befriedigung ihrer Bedürfnisse auszugeben. Die Innovationsfreude der Branche ist herausgefordert. Die Chancen für das erhoffte Wachstum sind gegeben. Sie können und müssen durch spezifische Angebote genutzt werden.

Die gesellschaftliche Akzeptanz der Entwicklung der Gesundheitswirtschaft steht und fällt mit der Fähigkeit, gute Medizin zu bezahlbaren Preisen zu offerieren. Die Finanzierungsmöglichkeiten im Sozialtransfer sind nämlich auf Grund politischer Prioritätenverschiebung äußerst begrenzt. Und wenn es nicht gelingt, auch für die sozial Schwächeren befriedigende Lösungen bei gesundheitlichen Problemen zu finden, wird die Kostenbelastung in der sozialen Krankenversicherung zur Wachstumsbremse. Kollektive Angst hat in Deutschland immer schon den Drang nach staatlicher Regulierung befördert. Wir brauchen aber mehr Wettbewerb und keine neuen Paragraphen.

Die Nagelprobe steht noch aus. Wir benötigen dringend mehr Unternehmer, die bereit sind, das Risiko des Wettbewerbs zu wagen. Es geht dabei nicht um Sonntagsreden, sondern um Alltagsrealität. Zu viele Betriebe in der Gesundheitswirtschaft haben sich in der Vergangenheit im überkommenen System eingerichtet. Hohe Preise zu fordern ist allemal bequemer, als die Produktivitätsreserven wirksam zu heben. Wer Wachstum will, muss Wirtschaftlichkeit praktizieren. Politik wird den Gesundheitsmarkt nur dann aus den Klauen der Bürokratie entlassen, wenn Unternehmen ihre Rolle aktiv einnehmen. Nicht alle Erfahrungen der vergangenen Jahre sind da ermutigend. Maßlosigkeit verträgt sich nicht mit gesellschaftlicher Verantwortung und verhindert nachhaltigen Erfolg. Deshalb sind die kreativen Unternehmer gefragt. Sie müssen den veränderungsbereiten Politikern Mut machen, dem Prinzip Wettbewerb auch in der Gesundheitswirtschaft zum Durchbruch zu verhelfen – im Interesse Aller, insbesondere der Patienten.

Spitzenpersonal wird knapp

Die Zeiten, in denen Vorsitzende nach ihrem Ausscheiden aus dem Vorstand eigentlich regelhaft in den Aufsichtsrat wechselten, sind längst Vergangenheit. In den letzten 10 Jahren sank die Quote von 70 auf 20 %. Überhaupt mussten sich die Chefs großer Unternehmen darauf einstellen, vorzeitig aus dem Amt gejagt zu werden. Nur noch ein Drittel der Wechsel der TOP-Führungskräfte erfolgte regulär. Diese Entwicklung hat jetzt auch die Gesundheitsbetriebe erreicht. Das zeigen viele Einzelbeispiele gerade der letzten Monate ganz eindeutig. Die Normalisierung der Branche zeigt auch ganz oben ihre Wirkung.

Die Welt war noch in Ordnung, als die Karrieren von gestandenen Kommunalbeamten mit der Leitung des Friedhofs oder des Krankenhauses gekrönt wurden. Die komplexen Anforderungen an die Vorstände kommunaler Krankenhausverbünde zwingen die politisch Verantwortlichen zu externen Besetzungen der herausgehobenen Positionen. Die Einkünfte der aus der Wirtschaft eingekauften Manager übersteigen das Gehaltsniveau der aufsichtführenden Politiker oft um ein vielfaches. Umso ungeduldiger warten diese dann auf die Erfolgsmeldungen aus ihren häufig in schwerer See dümpelnden Staatsbetriebe. Stellt sich die erhoffte wirtschaftliche Gesundung nicht umgehend ein, ist der Rauswurf oftmals nur noch eine Frage der Zeit.

Auch nach vollzogener Privatisierung erfassen die neuen Besen der frisch gebackenen Eigentümer hier und da das vorgefundene Spitzenpersonal. Das dabei immer einmal wieder das Kind mit dem Bade ausgeschüttet wird, dämmert den neuen Besitzern spätestens bei Problemen mit der Nachbesetzung. Die Decke herausragender Führungspersönlichkeiten ist knapp und wird derzeit mit

Hilfe der spezialisierten Headhunter immer schneller hin und her gezerrt.

Gesundheitswirtschaft ist Vertrauenswirtschaft. Und wer als Investor Erfolg haben will, braucht neben einem guten Händchen bei der Auswahl des Managements auch Geduld. Der Quartalsbericht ersetzt nicht die Unternehmensvision und ihre hartnäckige Verfolgung. Schnelle Ergebnisverbesserungen sind nicht selten flüchtig und bleiben Episode. Der Schleudersitz ist kein geeigneter Ort für mutigen Strukturwandel. Nachhaltigkeit ist angesagt, auch in dieser Hinsicht.

Ärztefrust trotz Tarifabschluss

Teurer zu stehen kommt er den Akteuren, der Tarifabschluss zwischen dem Marburger Bund und der Tarifgemeinschaft deutscher Länder. Eine Befriedung bringt er nicht. Im Gegenteil: Der traditionelle Konflikt zwischen Ärzten und Pflegekräften wird sich weiter verschärfen. Das Motto lautet: Was des einen Freud‹ ist des anderen Leid. Erste Reaktionen der Pflegeverbände auf den Tarifabschluss für die Uniklinik-Ärzte lassen Böses ahnen.

Die künftig weiter steigenden Personalkosten zwingen die Universitätskrankenhäuser zudem zu zusätzlichen Sparaktionen. Weniger Personal wird zwangsläufig die Folge sein. Und die Betreiber der

Uni-Kliniken, die Bundesländer, sind noch mehr als bisher verunsichert. Die ohnehin ständig wachsende Privatisierungsbereitschaft wird durch den Tarifabschluss neue Nahrung erhalten. Und jetzt geht es in den kommunalen Krankenhäusern erst richtig los. Nicht wenige von ihnen pfeifen allerdings schon seit Jahren *auf dem letzten Loch*. Vielen Kämmerern wird ganz schwindlig angesichts der roten Zahlen in den Geschäftsberichten. Die Privaten Krankenhausketten reiben sich die Hände. Der Bundesverband Deutscher Privatkliniken sollte schleunigst den Vorsitzenden des Marburger Bundes für die Streikaktivitäten zum Ehrenmitglied machen.

Der Frust der Ärzte hat viel tiefere Ursachen, als dass er sich mit Geld allein besänftigen ließe. Die moderne Medizin ist nicht mehr mit den nach wie vor weit verbreiteten Organisationsprinzipien des ausgehenden 19. Jahrhunderts in Einklang zu bringen. Hauptleidtragende dieses Missstandes sind die Ärzte. Müssen sie doch im Interesse ihrer Patienten durch ständiges Improvisieren die veralteten Krankenhausstrukturen aushebeln. Eine Organisationsreform ist deshalb unabdingbar. Zentrale Ziele der notwendigen Veränderungen müssen die Patientenorientierung und die klare Delegation von Verantwortung innerhalb der Ärzteschaft sein.

Antworten auf diese Fragen liefert der soeben abgeschlossene Tarifvertrag naturgemäß nicht. Auch im kommunalen Bereich wird es in den nächsten Wochen wieder ausschließlich um das liebe Geld gehen. Deshalb muss schon in wenigen Monaten erneut mit wachsendem Unmut der Ärzte gerechnet werden. Der Frust bleibt auf der Tagesordnung.

Scheitern am Erfolg

Gesund alt zu werden, diesen Wunsch kann innovative Medizin immer öfter erfüllen. So weit, so schön. Allerdings hat der größer werdende Anteil älterer Menschen in allen postindustriellen Gesellschaften gravierende Folgen, insbesondere auch für die Altersversorgungssysteme. Eine aktuelle Studie hat es unlängst wieder zu Tage gefördert, die Pensionsverpflichtungen belasten die Bilanzen vieler Unternehmen immer stärker. Eine Reihe von Firmenchefs bereut ihre leichtfertigen Zusagen an die Mitarbeiter in den *fetten Jahren*. Aber es hilft nichts, gezahlt werden muss. In besonderer Weise betroffen sind die inzwischen privatisierten ehemaligen öffentlichen Unternehmen.

Jetzt schlägt die Ironie des Schicksals zu. Auch die Mitverursacher des Schlamassels, die Medizinanbieter, sind zunehmend betroffen. So belasten die Ausgaben für die öffentlichrechtlichen betrieblichen Altersversorgungssysteme die wirtschaftlichen Ergebnisse vieler Krankenhäuser bereits nachhaltig. Immer weniger Beschäftigte müssen immer mehr Rentner *schultern*. Die Umverteilung von jung nach alt schlägt erbarmungslos zu. Ein Ende ist nicht abzusehen, ganz im Gegenteil steigen die Belastungen in Zukunft weiter und weiter.

Kluge Manager haben längst die Reißleine gezogen. Fast alle Krankenkassen beispielsweise haben zum Teil gewaltige Abstandssummen locker gemacht, um in Zukunft auf der sicheren Seite zu sein. In Ihren Milliardenumsätzen sind die Millionenausgaben für den Gegenwert zur Absicherung der Zusagen bei den bisherigen Versorgungswerken nicht weiter aufgefallen. Krankenhausverantwortliche tun sich da erheblich schwerer. Übrigens gilt das sogar für das Management in dem einen oder anderen kürzlich privatisierten Unternehmen.

Dabei ist der Weiterbetrieb im überkommenen System der betrieblichen Altersversorgung auf jeden Fall weit kostenträchtiger als die Umstellung auf eine moderne kapitalgedeckte Versicherungslösung. Wirtschaftsprüfer und Kreditgeber werden angesichts der öffentlichen Aufmerksamkeit für das Thema jetzt auch langsam nervös. Sehr zu Recht. Wer ein böses Erwachen verhindern will, muss deshalb jetzt handeln, bevor die Medizin künftig noch erfolgreicher das Leben verlängern hilft und damit das Problem immer mehr vergrößert.

Keine Mogelpackung

Er wolle *ein Fiasko vermeiden*, sagte kürzlich Bert Rürup, der Vorsitzende des Sachverständigenrates, über seine persönliche Aufgabe in der Diskussion um die Gesundheitsreform. Das ist ein bescheidenes Ziel.

Es gibt wahrscheinlich nicht wenige, die von einer großen Koalition wahrlich mehr erwartet hätten. Nach einer endlosen Kette von Konsolidierungsgesetzen war die Chance da, einen mutigen Wurf zu wagen. Doch die Geduld der Bürger wurde bisher arg strapaziert. Dabei darf ihre Bereitschaft, auch künftig auf die Politik zu setzen, nicht überfordert werden. Noch einmal ein Jahrhundertgesetz anzukündigen und dann einen Flop zu landen, ist den Menschen nicht zuzumuten.

Die Diskussion der letzten Tage, die Gesundheitsreform müsse, wie auch immer, kommen, um die große Koalition nicht zu gefährden, ist wenig trostreich. Die Bürger erwarten auch in Zukunft gute Medizin zu bezahlbaren Preisen. Nicht mehr und nicht weniger.

Wenn aber jetzt alle Sachverständigen, egal mit welchem inhaltlichen Hintergrund, der Meinung sind, die auf dem Tisch liegenden Vorschläge würden dieses Ziel weit verfehlen, ja sie würden noch nicht einmal in die richtige Richtung weisen, dann müssen alle Alarmglocken läuten. Die politischen Akteure sind dabei, ihren Kredit zu verspielen.

Die Hinweise der Gesundheitspolitiker auf die mächtigen Lobbyinteressen im Gesundheitssystem rechtfertigen nicht, einen politischen Formelkompromiss durchzupauken. Er wird sich schon in wenigen Monaten als völlig ungeeignet erweisen, die realen Probleme zu lösen.

Denn an radikaler Entbürokratisierung des Systems geht kein Weg vorbei. Nicht mehr, sondern weniger Paragrafen sind das Gebot. Es gibt innovationsfähige Partner in der Gesundheitswirtschaft, mit denen in den kommenden Jahren Schritt für Schritt gemeinsam die grundlegende Modernisierung realisiert werden kann. Mehr Wettbewerb darf dann aber nicht nur in der Überschrift des Gesetzes vorkommen, sondern muss sich auch im Inhalt wiederfinden. Mogelpackungen zerstören das notwendige Vertrauen.

Der Zeit weit voraus

Weit vor der Anhebung des Eintrittsalters ins Rentnerdasein hat die Universität Heidelberg bereits den nächsten Schritt vollzogen. Der designierte Vorstandsvorsitzende und Ärztliche Direktor des dortigen Uniklinikums wird bei Amtsantritt stramm dem 67. Geburtstag entgegengehen. Er wird dann auf eine sehr lange andauernde und ohne Zweifel äußerst erfolgreiche Karriere als Chefchirurg und Hochschullehrer zurückblicken können. Der späte Start ins Berufsleben als Manager sorgt derzeit für Furore in der Gesundheitswirtschaft. Diese intensive Aufmerksamkeit zeigt, der Vorgang wird heute noch alles andere als normal empfunden. Dabei ist die Zeit nicht mehr fern, in der im Stellenteil der Zeitungen die Überschrift *Rentner für Führungsposition gesucht* zu lesen sein wird.

Die Demographie erreicht den Arbeitsmarkt. Da Mitte des Jahrhunderts jeder Dritte Deutsche älter als 60 Jahre sein wird, sinkt auch das Angebot an Arbeitskräften dramatisch. Die Zahl der Menschen im nach heutiger Lesart erwerbsfähigen Alter nimmt in den nächsten 40 Jahren um 18 Millionen ab. Ältere Arbeitnehmer zwischen 50 und 60 Jahren werden diejenigen unter 30 Jahren dann um 7 Millionen überflügeln. Schritt für Schritt wird der heutige Gleichstand somit zur Geschichte.

Lehrstellen- und Arbeitsplatzsuche werden schon in Kürze der Vergangenheit angehören. Im Gegenteil: das Personal wird knapper. Genau wie die Gesellschaft sind viele Unternehmen nicht ausreichend auf diese Entwicklung vorbereitet. Das gilt im Gesundheitssektor mehr noch, als anderswo. Arbeitsplätze für Ärzte und erst Recht für Krankenschwestern verlangen nach wie vor nach möglichst jungen, unbegrenzt einsatzfähigen Mitarbeitern. Die Bedürfnisse und Ansprüche älterer

Arbeitnehmer kommen in den Köpfen der Personalverantwortlichen bisher so gut wie nicht vor. Das muss sich, soll der Notstand verhindert werden, schnell ändern. Unternehmen, die sich sofort auf den Weg machen, haben im Wettbewerb um gute und erfahrene Arbeitskräfte auf einem knappen Markt bessere Karten als solche, die das Thema verschlafen. In Heidelberg, so scheint es, sind die Verantwortlichen der Zeit voraus.

Die Spreu vom Weizen trennen

Am Anfang steht eine erschütternde Erkenntnis. Nirgendwo gibt es Geld. Diese Erfahrung machen Krankenhausmanager derzeit Land auf Land ab. Zunächst zeigen die Finanzminister der Länder die kalte Schulter. Die Positionen in den Haushaltsplänen für Krankenhausinvestitionen leiden an Schwindsucht. Der Gang zur Bank löst dann endgültig Depressionen aus. Weil das Eigenkapital ganz häufig *auf der falschen Seite* der Bilanzen steht, schütteln mehr und mehr rankinggestresste Banker mit den Köpfen. Was ist zu tun?

Auf Investitionen in zukunftsfähige Krankenhausinfrastruktur zu verzichten, kommt der Selbstaufgabe gleich. Tarifsteigerungen, Energiekostenexplosionen, Solidarzuschläge, Mehrwertsteuererhöhungen und das alles bei sinkenden Preisen, da hilft nur tatkräftige Modernisierung der Prozesse und Strukturen. Und die fangen fast immer bei neuen Gebäuden und innovativer Technik an.

Da passt es gut, dass bei Industrie- und Serviceunternehmen die Erkenntnis wächst, den künftigen Erfolg mit neuen Geschäftsmodellen zu suchen. Nicht mehr der Verkauf von Geräten sondern von Serviceleistungen garantiert mittelfristig gesicherte Umsätze. Fast noch wichtiger ist dabei, dass sich die Medizin auf ihre Kernkompetenz konzentrieren kann. Die Bewirtschaftung von Gebäuden und der Betrieb von Technik sind bei den Spezialisten in besseren Händen.

Nun haben viele Medizinanbieter in den vergangenen Jahren mit den einst hoch gepriesenen Outsourcingmodellen schlechte Erfahrungen gemacht. Viel zu oft hat der Preiskampf die Qualität ruiniert. Das Interesse der *Zulieferer* am Medizingeschäft konnte nicht wirklich geweckt werden. Künftig müssen echte strategische Partnerschaften geschmiedet werden. Langfristige stellt sich Erfolg nur ein, wenn Industrie- und Servicebetriebe bereit sind, sich am Risiko des Medizingeschäftes zu beteiligen. Fallbezogene Erlösvereinbarungen sind mithin das Gebot der Stunde. Allerdings können nur wettbewerbsfähige Krankenhäuser auf solche Konditionen hoffen. Hier trennt sich die Spreu vom Weizen. Und das ist gut so, für die Patienten und die Volkswirtschaft.

Autobahn statt Trampelpfad

Erst vereinzelt und jetzt immer häufiger, landauf, landab, verkünden Politiker, auch ganz prominente, das Ende der *harten Reformen*. Mehr könne man den Menschen wirklich nicht zumuten. Der gesellschaftliche Konsens sei sonst gefährdet. Und in der Tat zeigen die Diskussionen um so manche Reformprojekte, dass das Vertrauen der Bürger in deren Wirksamkeit schwindet. Ganz vorne auf der Liste der kritisch beäugten Vorhaben steht dabei die aktuelle Gesundheitsreform – und das ohne Zweifel völlig zu recht. Die politischen Schlüsse, die der eine oder andere Parteistratege hieraus zieht, sind allerdings abwegig. Die Menschen sind zur Modernisierung durchaus bereit, ja sie sehnen sie sogar herbei. Allerdings kann nicht im Ernst erwartet werden, dass sie zu Allem und Jedem Ja und Amen sagen.

Die dringend notwendigen, grundlegenden Anpassungen des Gesundheitssystems an die Herausforderungen der Zukunft erfordern von allen Akteuren Mut. Sie sind nicht bequem, aber alternativlos. Wer nicht hinnehmen will, dass schon in Kürze größer werdende Teile der Bevölkerung von moderner Medizin mehr und mehr abgeschnitten werden, muss die Qualität und die Produktivität im Gesundheitssystem deutlich steigern. Das kann nur gelingen, wenn die überkommenen Strukturen überwunden werden. Dazu ist frischer Wind allerorten unabdingbare Voraussetzung.

Wenn, wie kürzlich geschehen, der Chef eines großen Krankenhausunternehmens vor allem auf *Trampelpfade* setzt, dann wird eine solche Position nicht erfolgreich sein. Autobahnen nicht Trampelpfade führen in die Zukunft. Genau so wenig Aussicht auf Erfolg hat eine Politik, die die Folgen von mehr Wettbewerb in der Gesundheitswirtschaft immer noch mehr fürchtet, als den unaufhaltsamen

Niedergang des gesamten Systems. Wer Kettenbildung bei Apotheken und ambulanten Medizinanbietern behindert, wer in Krankenhäusern weiterhin separate Abteilungen statt interdisziplinäre Zentren propagiert, wer die Konzentration vernetzter Versorgungsstrukturen abwehrt, der darf sich nicht wundern, wenn er auf die Verliererstraße gerät. Aus Angst vor den Betroffenen überfälligen Reformen aus dem Weg zu gehen, ist im Interesse der Zukunftsfähigkeit unserer Gesellschaft verwerflich – in der Politik und Wirtschaft gleichermaßen.

Mut zur Gesundheit

Igel sind zwar ganz niedlich, aber eben auch stachelig. Keiner greift da so gerne zu. Marketingstrategen kämen deshalb wohl auch nicht auf die Idee, Produkte und Dienstleistungen nach diesen Abwehrspezialisten zu benennen. Nicht so in der Medizin. Die IGel-Liste beinhaltet individuelle Gesundheitsleistungen, die derzeit zumindest noch nicht von der gesetzlichen Krankenversicherung übernommen werden und daher privat beglichen werden müssen. Sie bedürfen eigentlich also einer besonderen Attraktivität, weil sie sonst nicht gewählt werden. Aber es ist den Ärzten eher unangenehm, für besondere Angebote direkt zu kassieren.

Selbst diejenigen, die sich die zusätzliche Gesundheit leisten, reden nicht gerne darüber. Der Sportwagen vor der Tür fördert das Prestige, die Extragesundheit wird als peinlich empfunden.

Es ist Heuchelei, wenn die Politik die Vollkaskomentalität der Versicherten beklagt und gleichzeitig allen alles verspricht. Wer das tut, darf sich nicht wundern, wenn jeder im Fall des Falles darauf zurückkommt. Eigenverantwortung heißt auch Entscheidungsmöglichkeiten nutzen zu können und dann, wenn man sie wahrnimmt, zu verantworten. Wobei eines klar ist und bleibt: notwendige medizinische Behandlungen dürfen nicht zur Disposition gestellt werden. Sonst ist die gesellschaftliche Stabilität nicht zu wahren.

Aber *Leiden in Gleichheit* ist kein anstrebenswertes politisches Ziel. Wer es sich leisten will, muss ohne moralische Seitenblicke auch in der Gesundheitswirtschaft zugreifen dürfen. Bei der Rente ist das längst hoffähig geworden und die private Altersversorgung wird von Politikern zu Recht gefordert. Auch hier war es ein langer Weg von dem markigen Spruch: *Eins ist sicher, die Rente,* zu dem Rat, schon mal auf eine Urlaubsreise zu Gunsten eines sorgenfreien Lebens im Alter zu verzichten. Und auch wer in Zukunft moderne Gesundheitsangebote haben will, muss den Wettbewerb um die beste Lösung zulassen. So führt der Weg von Innovationen in die preiswerte Massenproduktion, zunächst auch häufig über teure Luxusangebote. In der Automobilbranche wimmelt es nur so von tollen Beispielen. Und unsere Gesundheit ist doch wohl mindestens genauso wichtig. Also mehr Mut zur Gesundheit.

Nachwort

Das schöne an Visionen ist, dass sie lange gelten. Bei der Durchsicht der 24 Kolumnen, die vom Oktober 2004 bis zum April 2006 in lockerer Folge in der Financial Times Deutschland erschienen sind, hat sich der Wahrheitsgehalt dieser bekannten Weisheit erneut bestätigt. Fast ist man geneigt zu sagen, leider! Auch wenn manche Bemerkungen auf die jeweilige Tagesaktualität Bezug nehmen, ist ihr inhaltlicher Kern unverändert heute von Bedeutung. Wettbewerb ist nach wie vor das zentrale Stichwort des notwendigen Wandels in der Gesundheitswirtschaft. Wie in anderen Branchen auch, geht es darum, unternehmerische

Kreativität herauszufordern. Diese Idee durchzieht die Kolumnen.

Alle Akteure sind im Veränderungsprozess gefordert, die Unternehmer und die Politiker gleichermaßen. Abwegig wäre es, im Gesundheitsmarkt der Zukunft den Staat aus der Verantwortung zu drängen. Im Gegenteil, er hat auch künftig wichtige Aufgaben. Aber er muss energisch umregulieren, statt direkt durch immer neue Paragrafen in die Institutionen der Gesundheitswirtschaft gängelnd einzugreifen. Immer wieder ist die Versuchung groß, die Instrumente des Staates zu überfordern. Dabei hat die Politik auch so genug zu tun. Es ist ihre Aufgabe, die Marktordnung zu bestimmen und den Patientenschutz sicherzustellen. Der Staat muss damit die Bedingungen der Sozialen Marktwirtschaft gestalten.

Im ersten Jahrzehnt des 21. Jahrhunderts ist es unerlässlich, auch in der Gesundheitswirtschaft die Chancen zu nutzen, die moderne Technologien bieten. Die digitale Industrialisierung der Medizin ermöglicht die entscheidende Steigerung der Qualität und Wirtschaftlichkeit im Interesse der Patienten auf der Basis von individueller Standardisierung. Fantasie ist dringend gefragt. Vielleicht sind die kompakten Ideenskizzen der hier zusammengefassten Kolumnen geeignet, die Gedanken der Leser zu beflügeln. Ich jedenfalls würde es mir sehr wünschen und freue mich über jede Reaktion – auch dazu sind Visionen da.

Mein Dank gilt meiner Geschäftspartnerin Ines Kehrein für den intensiven fachlichen Dialog und Ingrid Widmeier für die Unterstützung meiner Arbeit.

Prof. Heinz Lohmann

Studium der Wirtschafts- und Sozialwissenschaften;
leitende Tätigkeiten in der privaten Wirtschaft und im öffentlichen Sektor, davon fast 30 Jahre in der Gesundheitswirtschaft;
heute Gesundheitsunternehmer, u. a. Geschäftsführender Gesellschafter der LOHMANN konzept GmbH sowie Gesellschafter der WISO HANSE management GmbH
Vorsitzender der Initiative Gesundheitswirtschaft e. V.
Lehraufträge als Professor der Hochschule für Angewandte Wissenschaften Hamburg;
Präsident des GESUNDHEITSWIRTSCHAFTSKONGRESSES in Hamburg, des ÖSTERREICHISCHEN GESUNDHEITSWIRTSCHAFTSKONGRESSES in Wien sowie wissenschaftlicher Leiter des Kongresses KRANKENHAUS, KLINIK, REHABILITATION des Hauptstadtkongresses in Berlin
Autor zahlreicher Publikationen;
Herausgeber der aktuellen Buchreihe ZUKUNFT GESUNDHEITSWIRTSCHAFT
Gastgeber des TV-Talks MENSCH WIRTSCHAFT!
Sammler und Förderer der experimentellen Gegenwartskunst *Change-Art*

Dr. Nikolaus Förster

Chefredakteur IMPULSE